LE RUSSE
dans votre poche

1000 MOTS POUR SE DÉBROUILLER
DANS TOUTES LES SITUATIONS

LAROUSSE

LES MINI LAROUSSE

21, rue du Montparnasse
75283 Paris Cedex 06, France
www.larousse.fr
ISBN : 978-2-03-587284-5

Direction de la publication
Carine Girac-Marinier

Direction éditoriale
Claude Nimmo

Édition
Giovanni Picci, Beata Assaf

Rédaction
Janna Hermant

Relecture
Catherine Bruguière-Colovic

Direction artistique
Uli Meindl

Conception graphique
Sophie Rivoire

Mise en page
Jérôme Faucheux

Informatique éditoriale
Dalila Abdelkader

Fabrication
Marlène Delbeken

SOMMAIRE

Les planches illustrées

Les expressions incontournables

- Доброе утро .... Bonjour ! *(le matin)*
  dobreuï outreu
- Добрый день .... Bonjour ! *(dans la journée)*
  dobryï dïen'
- Добрый вечер .... Bonsoir !
  dobryï viétchir
- Здравствуйте .... Bonjour ! *(à toute heure)*
  zdrastvouïti
- До свидания .... Au revoir.
  da svidanïeu
- До скорого .... À bientôt.
  da skoreuveu
- Пока .... Salut !
  paka
- Да / Нет .... Oui. / Non.
  da / niét
- Спокойной ночи ..... Bonne nuit.
  spakoïneuï notchi
- Извини(те) .... Excuse(z)-moi.
  izvini(tié)
- Спасибо .... Merci.
  spassibeu

Les expressions incontournables

Пожалуйста ... S'il vous plaît. / Je vous en prie.
pajalsteu

- Не за что ... De rien.
  nïézachteu
- Ничего ... Ce n'est pas grave.
  nitchivo
- Как дела? ... Comment ça va ?
  kak dila
- Хорошо, спасибо ... Bien, merci.
  kharacho spassibeu
- Кто? / Что? ... Qui ? / Quoi ?
  kto? / chto?
- Где?/ Куда? ... Où ? *(statique / dynamique)*
  Gdïé? / Kouda?
- Когда? / Как? ... Quand ? / Comment ?
  Kagda? / Kak?
- Какой? / Какая? / Какие? ... Quel ? / Quelle ? Quel(le)s ?
  Kakoï? / Kakaïa? / Kakiïé?

Sourire ou ne pas sourire ? En Russie, on ne sourit pas aux inconnus. Ne vous étonnez donc pas si la caissière ou le douanier ne vous rendent pas votre sourire. Cela ne signifie pas leur mécontentement, bien au contraire !

1 Se présenter

- **имя** *n* .... *le* prénom
  imïeu
- **фамилия** *f* .... *le* nom de famille
  familiïeu
- **отчество** *n* .... *le* patronyme
  otchistveu
- **возраст** *m* .... *l'*âge
  vozrast

мальчик *m*
le garçon
maltchik

Пол • Le sexe

- **мужчина** *m* .... *l'*homme
  much'ina
- **женщина** *f* .... *la* femme
  jènch'na
- **господин** *m* ... Monsieur *(+ nom de famille)*
  gaspadinn
- **госпожа** *f* ...... Madame *(+ nom de famille)*
  gaspaja
- **электронный адрес** *m* *l'*e-mail
  èliktronnyï adriss
- **номер** *m* **телефона** *le* numéro de téléphone
  nomir tilifona

девочка *f*
la fille
dïéveutchka

Гражданское состояние • L'état civil

- женат/замужем .... marié/mariée
  jynat/zamujeum
- не женат/не замужем .... célibataire (m/f)
  ni jynat/ni zamujeum
- разведён/разведена.......... divorcé(e)
  razvidïonn/razvidina

Глаза • Les yeux

- глаза *pl* .... *les* yeux
  glaza
- голубые.......... bleus
  galoubyïeu
- серые .... gris
  sïéryïeu
- карие .... marron
  kariïeu

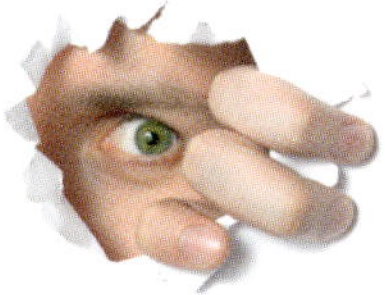

зелёные
verts
zilïonyïeu

Причёска • La coiffure

- волосы *pl* .... *les* cheveux
  volasy
- кудрявые......... bouclés
  koudrïavyeu
- прямые .... lisses
  primyeu

- **короткие ≠ длинные** .... courts ≠ longs
  karotkiïeu ≠ dlinnyïeu
- **блондин, блондинка** .... blond(e)
  blandin, blandinka
- **брюнет, брюнетка** .... brun(e)
  brïunèt, brïunètka
- **лысый** .... chauve
  lysyï

О себе • Se décrire

- **молодой ≠ старый** .... jeune ≠ vieux
  maladoï ≠ staryï
- **большой ≠ маленький** .... grand ≠ petit
  bal'choï ≠ malin'kiï
- **красивый ≠ некрасивый** .... beau ≠ laid
  krassivyï ≠ nikrassivyï
- **полный ≠ худой** .... gros ≠ mince
  polnyï ≠ khoudoï
- **очки** *pl* .... *les* lunettes
  atchki
- **усы** *pl* .... *la* moustache
  oussy

• борода *f* .... *la* barbe
barada

Семья • *La famille*

• мать *f* ...... *la* mère
mat'

• отец *m* ..... *le* père
atïéts

• сын *m* ...... *le* fils
syn

• дочь *f* ...... *la* fille
dotch

• брат *m* ..... *le* frère
brat

• сестра *f* ...... *la* sœur
ssistra

• бабушка *f* ... *la* grand-mère
babouchka

• дедушка *m* . *le* grand-père
dïédouchka

• дядя *m* .... *l'*oncle
dïadïa

• тётя *f* .... *la* tante
tïotïa

семья *f*
la famille
ssimïa

Expressions indispensables

Как Вас зовут?
Kak vas zavout
Comment vous appelez-vous ?

Меня зовут Яна Лебедева
Miniïa zavout Iana Liébidiva
Je m'appelle Iana Lebedeva.

Мари, познакомься с Яной.
Mari paznakom'sïa ss Ianeuï
Marie, je te présente Iana.

Очень приятно!
Otchin' priatna
Enchanté(e).

Откуда Вы?
Atkouda vy
D'où êtes-vous ?

Я из Франции
Ia iz Frantsii
Je suis français(e).

Я плохо говорю по-русски
Ia plokha gavariu pa rousski
Je parle mal le russe.

Expressions indispensables

Вы говорите по-английски?
Vy gavaritïeu pa anglïiski
Parlez-vous anglais ?

Где Вы живёте?
Gdïé vy jiviоti
Où habitez-vous ?

Я живу в Париже
Ia jivou f Parijeu
J'habite à Paris.

Сколько Вам лет?
Skol'keu vam lïét
Quel âge avez-vous ?

Мне 30 лет
Mnïé tritsat' lïétt
J'ai trente ans.

Это моя девушка.
èta maïa dïévouchka
C'est ma petite amie.

Tu vs. Vous

Bien que la différence entre « tu » et « vous » en russe soit la même qu'en français, l'utilisation du vouvoiement en russe est plus courante. On ne tutoie d'office que les enfants. Si vous hésitez, mieux vaut choisir le « vous ».

2 Le travail

- **работать** .... travailler
  rabotat'
- **безработный** .... le chômeur
  bizrabotnyï
- **пенсионер** *m*, **пенсионерка** *f* .. le retraité, la retraitée
  pinssianïér, pinssianïérka

Профессии • Les métiers

- **предприниматель** *m* .. l'homme d'affaires
  pridprinimatil'
- **деловая женщина** *f* .... la femme d'affaires
  dilavaja jènch'ina
- **секретарь** *m* .... le (la) secrétaire
  ssikritar'
- **журналист** *m* .... le (la) journaliste
  journalist
- **преподаватель** *m* .... le (la) prof
  pripeudavatil'
- **полицейский** *m* .... le policier
  palitsèïskiï
- **учитель** *m* .... l'enseignant *(avant le Bac)*
  outchitil'

врач *m*
le médecin
vratch

На работе • Le monde du travail

- **предприятие** *n* .... *l'*entreprise, *la* société
  pridpriïatiïi
- **кабинет** *m* .... *le* bureau, *le* cabinet
  kabiniët
- **директор** *m* .... *le* directeur, *la* directrice
  diriëkteur
- **собеседование** *n* .... *l'*entretien
  sabisiëdavanii
- **работодатель** *m* .... *l'*employeur
  raboteudatil'
- **персонал** *m* .. *le* personnel
  pirsanal
- **коллега** *m/f* ... *le (la)* collègue
  kallïéga
- **зарплата** *f* .... *le* salaire
  zarplata
- **отпуск** *m* ...... *les* congés
  otpousk

собрание *n*
la réunion
sabranii

Кем Вы работаете?
kïém vy rabotaiti?
Que faites-vous (comme travail) ?

3 Les études

- **учиться** .... étudier
  outchista
- **сдать экзамен** .... réussir son examen
  sdat' ègzamin
- **провалить экзамен** .. rater son examen
  pravalit' ègzamin
- **каникулы** *pl* .... *les* vacances
  kanikouly

студент *m*, **студентка** *f*
l' étudiant, *l'*étudiante
stoudïént, stoudïéntka

Образование • *les niveaux éducatifs*

- **университет** *m* .... *l'*université
  ounivirssitïét
- **аспирантура** *f* ..... *le* doctorat
  aspirantoura
- **ясли** *pl* .... *la* crèche
  ïasli
- **детский сад** *m* ..... *l'*école maternelle
  dïétskiï sat
- **школа** *f* .... *l'*école primaire + établissement secondaire *(collège et lycée)*
  chkola
- **школьник** *m*, **школьница** *f* ... *l'*écolier, *l'*écoliere
  chkol'nik, chkol'nista

Expressions indispensables

Ученики в классе
outchiniki v klassi
Les élèves sont en classe.

Я ничего не выучил(а)
ïa nitchivo ni vyoutchil
Je n'ai rien révisé.

Я должен сделать доклад
ïa doljyn sdïélat doklat
Je dois faire un exposé.

Мой любимый предмет — математика
moï lïubimyï pridmïét matimatika
Ma matière préférée, c'est les maths.

Он учится на факультете права
on outchitsa na fakoul'tïéti prava
Il est en fac de droit.

У меня кандидатская степень по экономике
ou minïa kandidatskaïue stïépin' pa èkanomikeu
J'ai un doctorat de sciences économiques.

4 La maison

- **дом** *m* .... *la* maison
  dom
- **квартира** *f* ..... *l'*appartement
  kvartira
- **снимать** .... louer *(pour le locataire)*
  snimat'
- **сдавать** .... louer *(pour le propriétaire)*
  sdavat'
- **сосед** *m*, **соседка** *f* .... *le* voisin, *la* voisine
  sasïétt, sasïétka

ключ *m*
la clé
klïutch

Части дома • Les parties de la maison

- **дверь** *f* .... *la* porte
  dvïér'
- **стена** *f* .... *le* mur
  stina
- **лестница** *f* .... *l'*escalier
  lïésnitsa
- **лифт** *m* .... *l'*ascenseur
  lift
- **двор** *m* .... *la* cour
  dvor

окно *n*
la fenêtre
akno

- отопление *n* .... *le* chauffage
  atapliénii
- балкон *m* .... *le* balcon
  balkon
- гараж *m* .... *le* garage
  garaj
- этаж *m* .... *l'*étage
  étaj
- крыша *f* .... *le* toit
  krycha
- подвал *m* .... *le* sous-sol, *la* cave
  padval
- чердак *m* .... *le* grenier
  tchirdak
- мебель *f* .... *les* meubles
  mïébil'

дом *m*
la maison
dom

Premier étage ou rez-de-chaussée ?

Attention ! La numérotation des étages en Russie est différente de celle de la France. Le 1er étage correspond au rez-de-chaussée français, le 2e étage au 1er étage français, etc...

Кухня и столовая • La cuisine et la salle à manger

- **стол** *m* .... *la* table
  stol
- **стул** *m* .... *la* chaise
  stoul
- **холодильник** *m* ... *le* réfrigérateur
  khaladil'nik
- **вилка** *f* .... *la* fourchette
  vilka
- **нож** *m* .... *le* couteau
  noch
- **тарелка** *f* .... *l'*assiette
  tariélka
- **стакан** *m* .... *le* verre
  stakan
- **чашка** *f* .... *la* tasse
  tchachka
- **кастрюля** *f* .... *la* casserole
  kastrïulïa
- **сковородка** *f* .... *la* poêle
  skeuvarotka

ложка *f*
la cuillère
lochka

чайник *m*
la théière,
la bouilloire
tchaïnik

Ванная • La salle de bains

- **ванна** *f* ..... *la* baignoire
  vanna
- **душ** *m* ...... *la* douche
  douch
- **раковина** *f* ..... *le* lavabo
  rakeuvina
- **зеркало** *n* ...... *le* miroir
  ziérkaleu
- **полотенце** *n* .... *la* serviette *(de toilette)*
  palatïéntsè
- **зубная паста** *f* .... *le* dentifrice
  zoubnaïa pasta

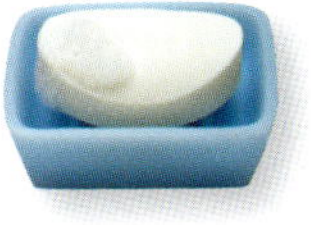

мыло *n*
le savon
myleu

Гостиная • Le salon

- **диван** *m* .... *le* canapé
  divann
- **кресло** *n* .... *le* fauteuil
  kriésleu

Спальня • La chambre

- **кровать** *f* .... *le* lit
  kreuvat'
- **одеяло** *n* .... *la* couverture
  adiïaleu

подушка *f*
*l'*oreiller
padouchka

La maison

прихожая
entrée
prikhojaïa

гостиная
salon
gastinaïa

кухня
cuisine
koukhnïa

туалет
toilettes
toualïét

ванная
salle de bains
vannaïa

спальня
chambre à coucher
spal'nïa

Le bureau

экран
écran
èkran

лампа
lampe
lampa

ручка
stylo
routchka

клавиатура
clavier
klaviatoura

мышка
souris
mychka

карандаш
crayon
karandach

резинка
gomme
rizinka

очки
lunettes
atchki

маркер
surligneur
markir

ежедневник
agenda
iijydniévnik

газета
journal
gaziéta

ножницы
ciseaux
nojnitsy

5 Naviguer sur Internet

- **компьютер** *m* ... *l'*ordinateur
  kampïuteur
- **ноутбук** *m* ... *l'*ordinateur portable
  nooutbouk
- **планшет** *m* ... *la* tablette
  planchètt
- **проверять почту** ... vérifier ses e-mails
  praviriat' potchtou
- **подключаться к Интернету** ... se connecter à Internet
  padklïoutchatsa kintèrnètou
- **посылать письмо** ... envoyer un e-mail
  peusylat' pis'mo
- **получать письмо** ... recevoir un e-mail
  paloutchat' pis'mo
- **распечатать** ... imprimer
  raspitchatat'
- **скачать** ... télécharger
  skatchat'
- **сохранить** ... sauvegarder
  seuhkranit'
- **удалить** ... effacer
  oudalit'

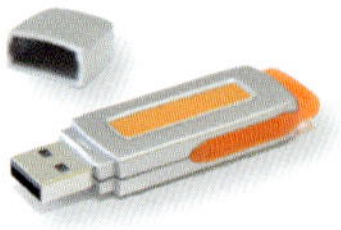

флешка *f*
la clé-USB
flèchka

собака *f*
*l'*arobase
sabaka

6 Téléphoner

- **телефон** *m* .... *le* téléphone fixe
  tilifonn
- **зарядка** *f* .... *le* chargeur
  zeurïadka
- **автоответчик** *m* .. *le* répondeur
  afteuatviétchik
- **звонить** .... appeler
  zveunït'
- **посылать СМС** .. envoyer un texto
  peusylat' èssèmès
- **получать СМС** .. recevoir un texto
  peuloutchat' èssèmès

мобильный (телефон) *m*
le portable
meubil'nyï (tilifonn)

Алло? alïo Allô ?	**Позовите, пожалуйста, Марию** peuzeuviti pajalousteu mariïu Pourrais-je parler à Maria, s'il vous plaît ?
Минуточку minouteutchkou Un instant.	**Извините, его(её) нет.** izviniti ivo (ïèïo) nièt Je suis désolé(e), il (elle) n'est pas là.

7 Les loisirs et les sports

Увлечения • Les loisirs

- путешествовать ..... voyager
  poutichèstveuvat'
- готовить .... cuisiner
  gatovit'
- петь .... chanter
  pièt'
- танцевать .... danser
  tanstyvat'
- фотографировать ... photographier
  fateugrafireuvat'
- искусство *n* .... *les* beaux-arts
  iskousstveu
- видео-игры *pl* .... *les* jeux vidéo
  vidieu-igry
- музыка *f* .... *la* musique
  mouzyka
- кино *n* .... *le* cinéma
  kino
- театр *m* ...... *le* théâtre
  tiatr

рисовать
peindre
riseuvat'

читать
lire
tchitat'

- **балет** *m* .... *le* ballet
  baliétt

Спорт • Le sport

- **играть** .... jouer
  igrat'
- **бегать** .... courir
  biégat'
- **выиграть** .... gagner
  vyigrat'
- **проиграть** .... perdre
  preuigrat'

плавать
nager
plaveut'

Виды спорта • Les différents sports

- **фигурное катание** *n* .... *le* patinage artistique
  figourneui katanieu
- **футбол** *m* .... *le* football
  foutbol
- **бокс** *m* .... *la* boxe
  boks
- **плавание** *n* .... *la* natation
  plaveunieu
- **рыбалка** *f* .... *la* pêche
  rybalka

хоккей *m*
le hockey sur glace
khakiëï

- **охота** *f* .... *la* chasse
  akhota
- **гребля** *f* .... *l'*aviron
  griéblïa
- **теннис** *m* .... *le* tennis
  tènniss
- **фитнес** *m* .... *le* fitness
  fitnèss
- **лыжи** *pl* .... *le* ski
  lyjy
- **единоборства** *pl* .. *les* arts martiaux
  idineuborstva

настольный теннис *m*
le ping-pong
nastol'nyï tènniss

Спортивное оборудование • L'équipement

- **мяч** *m* .... *le* ballon
  mïatch
- **ракетка** *f* .... *la* raquette
  rakïétka
- **гантели** *pl* .... *les* haltères
  gantèli
- **коньки** *pl* .... *les* patins à glace
  keun'ki

ролики *pl*
les rollers
roliki

Les loisirs et les sports

Места для спорта • Les lieux

- **спортзал** *m* .... *la* salle de sports
  sportzal
- **стадион** *m* .... *le* stade
  stadionn
- **раздевалка** *f* .... *le* vestiaire
  razdivalka
- **каток** *m* .... *la* patinoire
  katok
- **корт** *m* .... *le* court de tennis
  kort
- **бассейн** *m* .... *la* piscine
  bassïéinn

велосипед *m*
le vélo
vilasipïétt

матч *m*
le match
match

Соревнование • La compétition

- **команда** *f* .... *l'*équipe
  kamanda
- **гол** *m* .... *le* but
  gol
- **Олимпийские игры** *pl* ..... *les* jeux Olympiques
  alimpiïskiï igry

Les sports

бокс
boxe
boks

гимнастика
gymnastique
gimnastika

фигурное катание
patinage artistique
figournaïi katanii

футбол
football
foutbol

лыжи
ski
lyjy

баскетбол
basketball
baskitbol

дзюдо
judo
dzïoudo

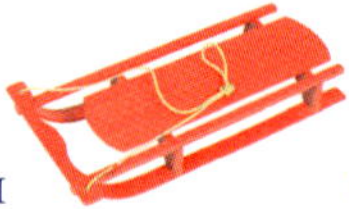

теннис
tennis
tiéniss

санки
luge
sanki

бег
jogging
biék

Les loisirs

бильярд
billard
bil'ïart

кино
cinéma
kino

музыка
musique
mouzyka

готовить
cuisiner
gatouvit'

балет
ballet
baliét

собирать грибы
chercher des champignon
sabirat' griby

рыбалка
pêcher
rybalka

баня
bain russe
banïa

шахматы
échecs
chakhmaty

чатиться с друзьями
chatter avec des amis
tchatitseu z drouzïami

путешествовать
voyager
poutichïéstveuveut'

Expressions indispensables

Что вы делаете в свободное время?
Chto vy dïélaiti f svabodnai vriémïa
Que faites-vous dans votre temps libre ?

Какую музыку вы любите?
Kakouïu mouzykou vy lïubiti
Quel genre de musique aimez-vous ?

Вы занимаетесь спортом?
Vy zanimaitis' sporteum
Pratiquez-vous un sport ?

Мне нравятся разные вещи
Mnïè nraviatsa raznyi vïèchi
Je m'intéresse à plein de choses différentes.

Вы на чём-нибудь играете?
Vy na tch'om nibout' igraiti
Jouez-vous d'un instrument ?

Теперь вы
Tipïér' vy
C'est à vous (de jouer).

J'aime, je n'aime pas...

Я обожаю ходить по магазинам
Ia abajaïu khadit' pa magasinam
J'adore faire les magasins.

Синий — мой любимый цвет
Sinii moï lïubimyï tsvïét
Le bleu foncé est ma couleur préférée.

Я люблю бегать
Ia lïublïu bïégat'
J'aime courir.

Я не люблю готовить
Ia ni lïublïu gatovit'
Je n'aime pas cuisiner.

Я ненавижу футбол
Ia ninavijou foutbol
Je déteste le foot.

Я терпеть не могу рано вставать
Ia tirpïét' ni magou rana fstavat'
J'ai horreur de me lever tôt.

8 La météo

- **погода** *f* ... *le* temps
  pagoda
- **градус** *m* ... *le* degré
  gradouss
- **тепло** ... chaud
  tiplo
- **жарко** ... très chaud
  jarkeu
- **прохладно** ... frais
  prahkladneu
- **холодно** ... froid
  kholadneu
- **прогноз погоды** ... *les* prévisions météo
  pragnoss pagody

Холод • Le froid

- **снег** *m* ... *la* neige
  sniëk
- **лёд** *m* ... *la* glace, *le* gel
  lïot

солнце *n*
le soleil
sontsè

Жара • La chaleur

- **солнечно** ... il y a du soleil
  solnitchneu
- **душно** ... il fait lourd
  douchneu

Ветер • Le vent

- **ветер** *m* ... *le* vent
  viëtir
- **буря** *f* ... *la* tempête
  bourïa

Дождь • La pluie

- гроза *f* .... *l'*orage
  graza
- туман *m* .... *le* brouillard
  toumann
- град *m* .... *la* grêle
  gratt
- облако *n* .... *le* nuage
  oblakeu
- молния *f* .... *l'*éclair
  molniïa
- радуга *f* .... *l'*arc-en-ciel
  radouga

дождь *m*
la pluie
docht'

Какая сегодня погода?
kakaïa ssivodnïa pagoda
Quel temps fait-il aujourd'hui ?

Сегодня хорошая погода
ssivodïa kharochaïa pagoda
Aujourd'hui il fait beau.

9 Explorer la nature

Пейзажи • Les paysages

- природа *f* .... *la* nature
  priroda
- море *n* .... *la* mer
  mori
- остров *m* .... *l'*île
  ostraf
- гора *f* .... *la* montagne
  gara
- река *f* .... *la* rivière, *le* fleuve
  rika
- равнина *f* .... *le* champ
  ravnina
- лес *m* .... *la* forêt
  lïéss

озеро *n*
le lac
ozireu

• *Растения* • Les plantes

- ствол *m* .... *le* tronc
  stvol
- ветка *f* .... *la* branche
  viétka
- корень *m* .... *la* racine
  korin'

лист *m*
la feuille
list

Деревья • Les arbres

- дуб *m* .... *le* chêne
  doup
- сосна *f* .... *le* pin
  sasna
- клён *m* .... *l'*érable
  kliönn
- липа *f* .... *le* tilleul
  lipa
- ель *f* .... *le* sapin
  ïèl'
- берёза *f* .... *le* bouleau
  biriöza

Цветы • Les fleurs

- цветок *m* .... *la* fleur
  tsvitok
- роза *f* .... *la* rose
  roza
- мимоза *f* .... *le* mimosa
  mimoza
- ромашка *f* .... *la* marguerite
  ramachka

букет цветов
le bouquet de fleurs
boukïét tsvitof

дерево *n*
*l'*arbre
dïériveu

Les arbres et les fleurs

сосна
pin
sosna

липа
tilleul
lipa

берёза
bouleau
birïoza

ива
saule
iva

тополь
peuplier
topeul’

ясень
frêne
ïasign

рябина
sorbier
rïabina

трава
herbe
trava

мимоза
mimosa
mimoza

фиалка
violette
fialka

лютик
bouton d'or
lïoutik

герань
géranium
giragn

орхидея
orchidée
arkhidèïa

нарцисс
jonquille
nartsys

сирень
lilas
ssirïégn

подсолнух
tournesol
peudsolnoukh

ромашка
marguerite,
pâquerette
reumachka

одуванчик
pissenlit
adouvantchik

ландыш
muguet
landych

роза
rose
roza

гвоздика
œillet
gveuzdika

тюльпан
tulipe
tïoul'peun

мак
coquelicot
mak

10 Les animaux

Домашние животные • Les animaux domestiques

- **собака** *f* .... *le* chien
  sabaka
- **кошка** *f* .... *le* chat
  kochka

Домашние животные • Les animaux de la ferme

- **корова** *f* .... *la* vache
  karova
- **коза** *f* .... *la* chèvre
  kaza
- **лошадь** *f* .... *le* cheval
  lochat'
- **утка** *f* .... *le* canard
  outka
- **свинья** *f* .... *le* cochon
  svin'ïa
- **кролик** *m* .... *le* lapin
  krolik
- **овца** *f* .... *le* mouton
  aftsa

рыбка *f*
le poisson rouge
rypka

курица *f*
la poule
kouritsa

Птицы • Les oiseaux

- воробей *m* .... *le* moineau
  varabïéï
- голубь *m* .... *le* pigeon
  goloup'
- жаворонок *m* ...... *l'*alouette
  javeureuneuk
- ворона *f* .... *la* corneille
  varona
- ласточка *f* .... *l'*hirondelle
  lastatchka

чайка *f*
le goélan,
la mouette
tchaïka

Дикие жывотные • Les animaux sauvages

- волк *m* .... *le* loup
  volk
- лиса *f* .... *le* renard
  lissa
- заяц *m* .... *le* lièvre
  zaïats
- медведь *m* ... *l'*ours
  midvïét'

Насекомые • Les insectes

- комар *m* ...... *le* moustique
  kamar
- муха *f* .... *la* mouche
  moukha

белка *f*
*l'*écureuil
bïélka

Les animaux

лиса
renard
lissa

божья коровка
coccinelle
bojïa karofka

лягушка
grenouille
ligouchka

медведь
ours
midviéd’

комар
moustique
keumar

собака
chien
seubaka

кошка
chat
kochka

муха
mouche
moukha

мышь
souris
mych

корова
vache
keurova

лошадь
cheval
locheut’

сова
chouette
seuva

воробей
moineau
veurabïéï

бабочка
papillon
babeutchka

лебедь
cygne
lïébit'

паук
araignée
paouk

змея
serpent
zmiïa

лось
élan
los'

тигр
tigre
tigr

волк
loup
volk

пчела
abeille
ptchila

дельфин
dauphin
dil'fin

11 La vie quotidienne

Утро • Le matin

- **будильник** *m* .... *le* réveil
  boudil'nik
- **умываться** .... se laver le visage
  oumyvatseu
- **мыться** .... se laver
  mytseu
- **бриться** .... se raser
  britseu
- **чистить зубы** ..... se laver les dents
  tchistit' zouby
- **причёсываться** .. se peigner les cheveux
  pritchïosyvatseu
- **завтракать** .... prendre son petit déjeuner
  zaftrakat'
- **проспать** .... ne pas se réveiller à temps
  preuspat'
- **идти на работу** .. aller au travail
  itti na rabotou
- **идти в школу** ..... aller à l'école
  itti f chkàlou

просыпаться
se réveiller
prasypatseu

краситься
se maquiller
krasitseu

День/Вечер • L'après-midi/Le soir

- **обедать** .... déjeuner
  abïédat'
- **перерыв** *m* .... *la* pause café
  piriryf
- **возвращаться домой** .... rentrer à la maison
  vazvrach'atseu damoj
- **тихий час** *m* .... *la* sieste *(pour les enfants)*
  tikhiï tchass
- **ужинать** .... dîner
  oujinat'
- **смотреть телевизор** .... regarder la télévision
  smatrïét' tilivizeur
- **читать книгу** .... lire un livre
  tchitat' knigou
- **принимать ванну** .... prendre un bain
  prinimat' vannu
- **хотеть спать** .... avoir sommeil
  khatïét' spat'
- **ложиться спать** .... (aller) se coucher
  lajïtseu spat'

12 Se déplacer en ville

- **город** *m* .... *la* ville
  gorat
- **улица** *f* .... *la* rue
  oulitsa
- **тротуар** *m* .... *le* trottoir
  tratouar
- **перекрёсток** *m* .... *le* carrefour
  pirikriosteuk
- **парк** *m* .... *le* parc
  park
- **пешеходный переход** *m* ... *le* passage pour piétons
  pichikhodnyï pirikhot
- **остановка автобуса** *f* ...... *l'*arrêt de bus
  astanofka aftoboussa
- **стоянка такси** *f* .... *la* station de taxi
  staïanka taksi
- **мост** *m* .... *le* pont
  most

светофор *m*
le feu
svitafor

Здания • Les bâtiments

- **здание** *n* .... *le* bâtiment
  zsanieu

почтовый ящик *m*
la boîte aux lettres
patchtovyï jach'ik

- **мэрия** *f* .... *l'*hôtel de ville
  mèriïa
- **аэропорт** *m* .... *l'*aéroport
  aèraport
- **вокзал** *m* .... *la* gare
  vagzal
- **метро** *n* .... *le* métro
  mitro
- **банк** *m* .... *la* banque
  bank
- **музей** *m* .... *le* musée
  mouzïéï
- **больница** *f* ..... *l'*hôpital
  bal'nitsa
- **церковь** *f* .... *l'*église
  tsèrkeuf'
- **почта** *f* .... *le* (bureau de) poste
  potchta
- **отделение полиции** *n* *le* commissariat
  atdiliénieu palitsyi

станция метро *f*
la station de métro
stantsyïa mitro

театр *m*
le théâtre
tiatr

Expressions indispensables

Извините, как добраться до...?
izviniti kak dabratsa da...
Excusez-moi, comment puis-je me rendre à... ?

Где здесь аптека?
gdïé zdïéss' aptïéka
Où se trouve la pharmacie la plus proche ?

Покажите, пожалуйста, на плане, где мы находимся
pakajitïé pajalousteu na plani gdïé my nakhodimsïa
Pouvez-vous me montrer sur le plan où nous sommes ?

Это далеко?
èteu daliko
Est-ce loin ?

Где можно купить билеты?
gdïé mojneu koupit' bilïéty
Où peut-on acheter des tickets ?

Я бы хотел схему транспорта
ïa by khatïél skhïémou transpeurteu
Je voudrais un plan des transports en commun.

Expressions indispensables

Сколько стоит билет до...?
skol'keu stoit biliét da...
Combien coûte un billet pour... ?

Здесь есть туалет?
Zdïéss' ïést' toualïét
Y a-t-il des toilettes publiques ici ?

Где я могу снять деньги?
gdïé ïa magou snïat' dïégngui
Où puis-je retirer de l'argent ?

Есть скидка для студентов / групп?
ïést' skitka dlïa stoudïénteuf / group
Y a-t-il des réductions pour les étudiants/les groupes ?

Во сколько открываются / закрываю тся магазин?
Veu skol'keu atkryvaïoutseu / zakryvaïoutseu magasin
À quelle heure ouvrent/ferment les magasins ?

Не могли бы вы нас сфотографировать?
ni magliby vy nas sfatagrafireuveut'
Pouvez-vous nous prendre en photo ?

13 Faire du shopping

- **магазин** *m* .... *le* magasin, *la* boutique
  magasin
- **универмаг** *m* .... *le* grand magasin
  ounivirmag
- **супермаркет** *m* .... *le* supermarché
  soupirmarkit
- **клиент** *m* .... *le* client
  kliïént
- **продавец** *m* .... *le* vendeur
  pradaviéts
- **касса** .... *la* caisse
  kassa
- **примерочная** *f* .... *la* cabine d'essayage
  primïéreutchnaïa
- **открыт ≠ закрыт** . ouvert ≠ fermé
  atkryt ≠ zakryt
- **витрина** *f* .... *la* vitrine
  vitrina
- **цена** *f* .... *le* prix
  tsyna
- **сдача** *f* .... *la* monnaie (rendue)
  zdatcha

наличные *pl*
le liquide, *les* espèces
nalitchnyi

чек *m*
le ticket de caisse,
le chèque
tchïék

- **дёшево** .... bon marché
  dïochiveu
- **дорого** .... cher
  doragueu
- **бесплатно** .... gratuit
  bisplatneu
- **кредитка** *f* .... *la* carte de crédit
  kriditkeu

скидка *f*
la réduction
skitka

Магазины • Les magasins

- **овощной магазин** *m*. *le* marchand de légumes
  avach'noï magasin
- **булочная** *f* .... *la* boulangerie
  bouleutchnaja
- **аптека** *f* .... *la* pharmacie
  aptïéka
- **мясной магазин** *m* ... *la* boucherie
  misnoï magasin
- **канцтовары** *pl* .... *la* papeterie
  kantstavary
- **рыбный магазин** *m* .. *la* poissonnerie
  rybnyï magasin

книжный магазин *m*
la librairie
knijnyï magazin

Faire du shopping

- **турагентство** *n* ... *l'*agence de voyages
  touraguïénstveu
- **распродажа** *f* .... *les* soldes
  raspradaja
- **купить** .... acheter
  koupit'
- **продать** .... vendre
  pradat'
- **платить** .... payer
  platit'
- **упаковать** .... faire un paquet-cadeau
  oupakavat'
- **снять деньги** ... retirer de l'argent
  sniat' diégngui
- **обменять деньги** .. changer de l'argent
  abminjat' diégngui

делать покупки
faire du shopping
dïélat' pakoupki

очередь *f*
la queue
otchirit'

Expressions indispensables

У вас есть...?
ou vas ïést'...
Vous avez des... ?

Я просто смотрю
ïa prosteu smatrïou
Je regarde seulement.

Где можно померить?
gdïé mojneu pamïérit'
Où se trouvent les cabines d'essayage ?

Это всё, спасибо.
èteu fsïo spasibeu
Ce sera tout, merci.

Сколько это стоит?
skol'keu èteu stoit
C'est combien ?

Я могу заплатить картой?
ïa magou zaplatit' karteuï
Est-ce que je peux payer par carte de crédit ?

14 S'habiller

- **одеваться** .... s'habiller
  adivatseu
- **носить** .... porter
  nasit'
- **снимать** .... enlever
  snimat'
- **мерить** .... essayer
  mïérit'
- **шуба** *f* .... *le* manteau de fourrure
  chouba

носки *pl*
les chaussettes
naski

Одежда • Les vêtements

- **колготки** *pl* ...... *les* collants
  kalgotki
- **чулки** *pl* .... *les* bas
  tchoulki
- **рукав** *m* .... *la* manche
  roukaf
- **карман** *m* .... *la* poche
  karman
- **молния** *f* .... *la* fermeture Éclair
  moloniïa

пижама *f*
le pyjama
pijama

Обувь • Les chaussures

- **пара ...** *f* .... *une* paire de...
  para
- **обувь** *f* .... *les* chaussures
  obouf'
- **сапоги** *pl* .... *les* bottes
  sapagui
- **тапочки** *pl* .... *les* chaussons
  tapatchki
- **ботинки** *pl* .... *les* chaussures *(hommes)*, *les* bottines
  batinki
- **кроссовки** *pl* .... *les* chaussures de sport, *les* baskets
  krasofki

пуговица *f*
le bouton
pougvitsa

Украшения • Les bijoux

- **украшения** *pl* ...... *les* bijoux
  oukrachèniïa
- **серебро** *n* .... *l'*argent
  ssiribro
- **золото** *n* .... *l'*or
  zoleuteu
- **серёжки** *pl* ... *les* boucles d'oreilles
  ssiriochki

шпильки *pl*
les chaussures
à talons aiguilles
chpil'ki

S'habiller

- **кольцо** *n* ...... *la* bague
  kal'tso
- **браслет** *m* .... *le* bracelet
  braslïét
- **ожерелье** *n* .. *le* collier
  ajiriél'ïi
- **зонт** *m* .... *le* parapluie
  zont
- **перчатки** *pl* . *les* gants
  pirtchatki
- **варежки** *pl* .. *les* moufles
  varichki

ушанка *f*
la chapka
ouchanka

часы *pl*
la montre
tchasy

Материалы • Les matières

- **Это сделано из ...** . C'est en...
  èteu zdïélaneu iss...

- **хлопок** *m* .... *le* coton
  khlopeuk
- **шерсть** *f* .... *la* laine
  chèrst'
- **лён** *m* .... *le* lin
  lïon
- **шёлк** *m* .... *la* soie
  cholk
- **полиэстер** *m* ... *le* Nylon
  polièstr
- **кожа** *f* .... *le* cuir
  koja

Les couleurs

оранжевый
orange
aranjyvyï

коричневый
brun, marron
karitchnivyï

синий
bleu
ssiniï

красный
rouge
krasnyï

фиолетовый
violet
fialïéteuvyï

голубой
bleu clair
geulouboï

белый
blanc
bïélyï

зелёный
vert
zilïonyï

розовый
rose
rozeuvyï

серый
gris
ssïéryï

чёрный
noir
tchornyï

жёлтый
jaune
joltyï

Les vêtements...

костюм
costume
keustïoum

футболка
t-shirt
foutbolka

рубашка и галстук
chemise et cravate
roubachka i galstouk

пальто
manteau
pal'to

купальник
maillot de bain
koupal'nik

куртка
veste
kourtka

плавки
slip de bain
plafki

свитер
pull
sviteur

лифчик
soutien-gorge
liftchik

штаны
pantalon
chtany

джинсы
jeans
djynsy

трусы
culotte,
caleçon
trousy

юбка
jupe
ïoupka

платье
robe
plat'ïé

...et les accessoires

шляпа
chapeau
chlïapa

шапка
bonnet
chapka

кепка
casquette
kïépka

зонтик
parapluie
zontik

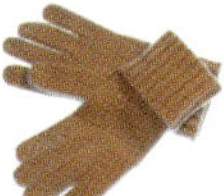

перчатки
gants
pirtchatki

ремень
ceinture
rimïégn

шарф
écharpe
charf

кошелёк
porte-monnaie
keuchilïok

бумажник
portefeuille
boumajnik

заколка
barrette
zakolka

халат
robe de chambre
khalat

очки
lunettes
atchki

рюкзак
sac à dos
rïoukzak

сумка
sac
soumka

чемодан
valise
tchimeudan

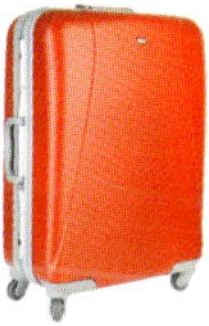

15 Partir en vacances

- **путешествовать** ... voyager
  poutichestveuvat'
- **заказывать** .... réserver
  zakazyvat'
- **снимать** .... louer
  snimat'
- **посещать** .... visiter
  possich'at'

марка *f*
le timbre
marka

Счастливого пути! Chislivaveu pouti! Bon voyage !

Таможня • À la douane

- **виза** *f* .... *le* visa
  viza
- **билет** *m* .... *le* billet
  biliét

Туризм • Le tourisme

- **страна** *f* .... *le* pays
  strana
- **открытка** *f* .... *la* carte postale
  atkrytka

паспорт *m*
le passeport
paspeurt

- **достопримечательности** *pl* ... *les* curiosités
  dastaprimitchatil'neusti
- **экскурсовод** *m* ... *le* guide *(personne)*
  èkskourseuvot
- **путеводитель** *m* ... *le* guide *(livre)*
  poutiveuditil'

Средства передвижения • Les moyens de transport

- **машина** *f* ... *la* voiture
  machina
- **автобус** *m* ... *l'*autobus
  aftobouss
- **поезд** *m* ... *le* train
  poist
- **корабль** *m* ... *le* bateau
  karabl'

такси *n*
le taxi
taksi

Самолёт • L'avion

- **аэропорт** *m* ... *l'*aéroport
  aèraport
- **рейс** *m* ... *le* vol
  riéïss
- **отправление** *n* ... *les* départs
  atpravliéniii

самолёт *m*
*l'*avion
samaliot

- **прибытие** *n* .... *les* arrivées
  pribytii
- **посадочный талон** *m* .... *la* carte d'embarquement
  pasadeutchnyj talon
- **пересадка** *f* .... *l'*escale
  pirisatka
- **ремень безопасности** *m*... *la* ceinture de sécurité
  rimïégn bizapasnasti

Le train...

Во сколько отходит поезд в Москву?
va skol'keu atkhodit poist v maskvou
À quelle heure part le prochain train pour Moscou ?

Один билет до Петербурга, пожалуйста.
adin biliét da pitirbourga, pajalsteu
Un aller simple pour St Pétersbourg, s'il vous plaît.

Один билет туда-обратно до Новгорода, пожалуйста.
adin biliét tuda abratneu da novgeurada, pajalsteu
Un aller-retour pour Novgorod, s'il vous plaît.

Гостиница • L'hôtel

- **гостиница** *f* .... *l'*hôtel
  gastinitsa
- **рецепция** *f* .... *l'*accueil
  riétsèptsyïa
- **свободный номер** *m* . *la* chambre libre
  svabodnyï nomir
- **мест нет** .... complet
  miést niét
- **регистрироваться** ... se présenter à la réception
  rigistriravatseu
- **выезжать** .... quitter l'hôtel
  vyijjat'

ключ *m*
la clé
klïoutch

Комната • La chambre

- **номер** *m* .... *la* chambre
  nomir
  одноместный номер . *la* chambre simple
  adnamïésnuï nomir
- **двухместный номер** *la* chambre double
  dvoukhmïésnyï nomir
  кондиционер *m* .... *la* climatisation
  kanditsyanïér

сейф *m*
le coffre-fort
ssïéf

16 Le corps humain

- **голова** *f* .... *la* tête
  galava
- **глаз** *m* .... *l'*œil
  glas
- **нос** *m* .... *le* nez
  nos
- **рот** *m* .... *la* bouche
  rot
- **зуб** *m* .... *la* dent
  zoup
- **ухо** *n* .... *l'*oreille
  oukheu
- **горло** *n* .... *la* gorge
  gorleu
- **спина** *f* .... *le* dos
  spina
- **рука** *f* .... *le* bras, *la* main
  rouka
- **нога** *f* .... *la* jambe, *le* pied
  naga

волосы *pl*
les cheveux
voleusy

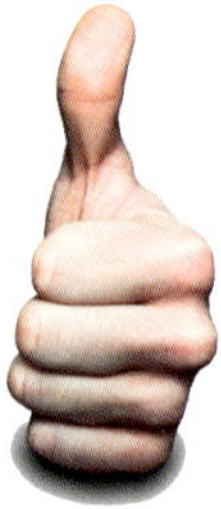

палец *m*
le doigt, *l'*orteil
palits

17 La santé

- **лекарство** *n* ...... *le* médicament
  likarstveu
- **кашель** *m* .... *la* toux
  kachil'
- **тошнота** *f* .... *la* nausée
  tachnata
- **диарея** *f* .... *la* diarrhée
  diariéïa

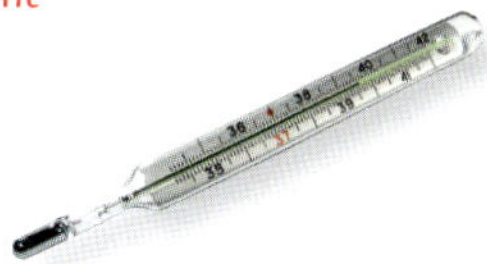

температура *f*
la fièvre
timpiratoura

Я себя плохо чувствую
ïa sibïa plokheu tchoustvouïou
Je ne me sens pas très bien.

У меня болит голова
ou minïa balit galava
J'ai mal à la tête.

У меня аллергия на...
ou minïa alirguiïa na...
Je suis allergique à...

Будьте здоровы!
Boutti zdarovy
À vos souhaits !

18 Boire et manger

- **готовить** .... préparer, cuisiner
  gatovit'
- **есть** .... manger
  ïést'
- **пить** .... boire
  pit'
- **пробовать** ..... goûter *(un plat)*
  probeuveut'
- **сидеть на диете** .. être au régime
  sidïét' na diïéti

завтрак *m*
le petit déjeuner
zaftrak

Еда • Les repas

- **обед** *m* .... *le* déjeuner
  abïét
- **ужин** *m* .... *le* dîner
  oujin

Напитки • Les boissons

- **вода** *f* .... *l'*eau
  vada
- **молоко** *n* .... *le* lait
  malako
- **кофе** *m* .... *le* café
  kofi

чай *m*
le thé
tchaï

• **сок** *m* .... *le* jus de fruit
sok

• **пиво** *n* .... *la* bière
piveu

• **вино** *n* .... *le* vin
vino

• **водка** *f* .... *la* vodka
votka

морс *m*
la boisson à base de baies
mors

Завтрак • Le petit déjeuner

• **варенье** *n* .... *la* confiture
variéniii

• **яичница** *f* .... *l'*œuf sur le plat
iichnitsa

• **сахар** *m* .... *le* sucre
sakhar

• **масло** *n* .... *le* beurre
masleu

• **сыр** *m* .... *le* fromage
syr

хлеб *m*
le pain
khlïép

Приправы • Les condiments

• **соль** *f* .... *le* sel
sol'

• **перец** *m* .... *le* poivre, *le* piment
piërits

• **уксус** *m* .... *le* vinaigre
ouksous

• **горчица** *f* .... *la* moutarde
gartchitsa

майонез *m*
la mayonnaise
mainèz

Закуски • Les entrées et les hors-d'œuvre

• **ветчина** *f* .... *le* jambon
vitchina

• **колбаса** *f* .... *le* saucisson, *le* salami
kalbasa

• **суп** *m* .... *la* soupe
soup

• **яйцо** *n* .... *l'œuf*
iïtso

салат *m*
la salade
salat

Мясо • La viande

• **мясо** *n* .... *la* viande
mïaseu

• **говядина** *f* .... *le* bœuf
gaviadina

• **курица** *f* .... *le* poulet
kouritsa

- шашлык *m* ..... *la* brochette *(marinée au préalable)*
  chachlyk
- фарш *m* .... *la* viande hachée
  farch
- свинина *f* .... *le* porc
  svinina
- баранина *f* ..... *l'*agneau
  ƀaranina

котлета *f*
la boulette de viande
katlïéta

Рыба • Le poisson

- рыба *f* .... *le* poisson
  ryba
- лосось *m* .... *le* saumon
  lasos'
- палтус *m* .... *le* flétan
  paltous
- щука *f* .... *le* brochet
  ch'ouka
- форель *f* .... *la* truite
  fariél'
- осётр *m* .... *l'*esturgeon
  asïotr

селёдка *f*
le hareng salé
silïotka

Гарниры • Les accompagnements

- **картофель** *m* .. *la* pomme de terre
  kartofil'
- **гречка** *f* .... *les* grains de sarrasin
  griétchka
- **рис** *m* .... *le* riz
  riss
- **макароны** *pl* ... *les* pâtes
  makarony

баклажан *m*
*l'*aubergine
baklajan

Овощи и травы • Les légumes et les herbes

- **морковь** *f* .... *la* carotte
  markof'
- **горошек** *m* .... *les* petits pois
  garochik
- **кабачок** *m* .... *la* courgette
  kabatchok
- **салат** *m* .... *la* salade
  salat
- **белые грибы** *pl* .. *les* cèpes
  bïélyi griby
- **шампиньоны** *pl* . *les* champignons de Paris
  cheumpignony

лисички *pl*
les girolles
lissitchki

- **укроп** *m* .... *l'*aneth
  oukrop
- **редис** *m* .... *le* radis
  ridiss

Фрукты • Les fruits

- **персик** *m* .... *la* pêche
  pïérssik
- **абрикос** *m* .... *l'*abricot
  abrikos
- **апельсин** *m* .... *l'*orange
  apil'sin
- **банан** *m* .... *la* banane
  banan
- **ананас** *m* .... *l'*ananas
  ananas
- **чёрная смородина** *f* ... *le* cassis
  tchornaïa smarodina
- **красная смородина** *f* .. *la* groseille
  krasnaïa smarodina
- **черешня** *f* .... *la* cerise
  tchiriéchniïa

огурец *m*
le concombre,
le cornichon
agouriëts

крыжовник *m*
la groseille
à maquereau
kryjovnik

La cuisine russe

борщ
borchtch
borch'

блины
crêpes
bliny

пельмени
raviolis
pil'miéni

пирожки
petits pâtés
pirachki

солянка
soupe à la charcuterie
seulïanka

икра чёрная
caviar
ikra tchïornaïa

котлеты
boulettes de viande
katlïety

гречка
grains de sarrasin
griëtchka

шашлык
brochette
chachlyk

икра красная
œufs de saumon
ikra krasnaïa

солёные грибы
champignons sauvages salés
seulïonyi griby

бестроганов
bœuf Stroganoff
bifstroganeuf

котлета по-киевски
poulet à la Kiev
katlïéta pa kiivski

Les fruits et les légumes

капуста
chou
kapousta

лимон
citron
limon

помидор
tomate
peumidor

перец
poivron
pïérits

клубника
fraise
kloubnika

малина
framboise
malina

мандарин
mandarine
mandarin

свёкла
bettrave
svïokla

виноград
raisin
vineugrat

арбуз
pastèque
arbous

чеснок
ail
tchisnok

грибы
champignons
griby

дыня
melon
dynïa

клюква
airelle des marais
klïoukva

черника
myrtille
tchirnika

лук
oignon
louk

Expressions indispensables

Я хочу есть
ïa khatchou ïést'
J'ai faim.

Я хочу пить
ïa khatchou pit'
J'ai soif.

Я хочу заказать столик на вечер
ïa khatchou zakazat' stolik na vïétchir
Je voudrais réserver une table pour ce soir.

Столик на двоих, пожалуйста
stolik na dvaikh, peujaleusteu
Une table pour deux personnes, s'il vous plaît.

Что вы посоветуете?
chto vy pasavïétouiti
Que pourriez-vous conseiller ?

Я возьму...
ïa veuz'mou
Je vais prendre...

У вас есть вегетарианские блюда?
ou vas ïést' viguitariaskii blïoudeu
Avez-vous des plats vegétariens ?

Expressions indispensables

Я не пью алкоголь
ïa ni pïou alkagol'
Je ne bois pas d'alcool.

Бутылку воды с газом / без газа, пожалуйста.
boutylkou vady s gazeum / biz gaza, peujaleusteu
Une bouteille d'eau gazeuse / plate, s'il vous plaît.

Приятного аппетита!
priïatnava apititeu
Bon appétit !

За ваше здоровье!
za vacheu zdeuroviïé
À votre santé !

Счёт, пожалуйста
ch'ot peujaleusteu
L'addition, s'il vous plaît.

Где здесь туалет?
gdïe zdïés' toualïét
Où sont les toilettes ?

19 Les nombres

Порядковые числительные • Nombres cardinaux

0	ноль	nol’
1	один	adin
2	два	dva
3	три	tri
4	четыре	tchityri
5	пять	pïat’
6	шесть	chèst’
7	семь	sïém’
8	восемь	vosim’
9	девять	dïévit’
10	десять	dïésit’
11	одиннадцать	adinatsat’
12	двенадцать	dvinatsat’
13	тринадцать	trinatsat’
14	четырнадцать	tchityrnatsat’
15	пятнадцать	pitnatsat’
16	шестнадцать	chysnatsat’
17	семнадцать	simnatsat’
18	восемнадцать	veusimnatsat’
19	девятнадцать	divitnatsat’
20	двадцать	dvatsat’
21	двадцать один	dvatsat’ adin
22	двадцать два	dvatsat’ dva
23	двадцать три	dvatsat’ tri

24	двадцать четыре	dvatsat' tchityri
25	двадцать пять	dvatsat' pïat'
26	двадцать шесть	dvatsat'chèst'
27	двадцать семь	dvatsat' sïém'
28	двадцать восемь	dvatsat' vosim'
29	двадцать девять	dvatsat' dïévit'
30	тридцать	tritsat'
40	сорок	soreuk
50	пятьдесят	pit'disïat
60	шестьдесят	chys'disïat
70	семьдесят	sïém'disïat
80	восемьдесят	vosim'disïat
90	девяносто	divinosta
100	сто	sto
200	двести	dvïésti
300	триста	trista
400	четыреста	tchityrista
500	пятьсот	pit'sot
600	шестьсот	chys'sot
700	семьсот	sim'sot
1 000	тысяча	tysitcheu
10 000	десять тысяч	dïé'sit' tysïatch
1 000 000	миллион	milïonn

19 Les nombres

Количественные числительные • Nombres ordinaux

1er	первый	piërvyj
2e	второй	vtaroj
3e	третий	triëtij
4e	четвёртый	tchitvïortyj
5e	пятый	pïatyj
6e	шестой	chystoj
7e	седьмой	sid'moj
8e	восьмой	vas'moj
9e	девятый	divïatyj
10e	десятый	disïatyj
11e	одиннадцатый	adinatsatyj
12e	двенадцатый	dvinatsatyj
13e	тринадцатый	trinatsatyj
14e	четырнадцатый	tchityrnatsatyj
15e	пятнадцатый	pitnatsatyj
19e	девятнадцатый	divitnatsatyj
20e	двадцатый	dvatsatyj
90e	девяностый	divinostyj
100e	сотый	sotyj
120e	сто двадцатый	sto dvatsatyj
200e	двухсотый	dvoukhsotyj
1 000e	тысячный	tysïatchnyj
2 000e	двухтысячный	dvoukhtysïatchnyj

20 La division du temps

- **полтора часа** .... une heure et demie *(durée)*
  peultara tchasa
- **рано** .... tôt
  raneu
- **поздно** .... tard
  pozneu
- **утром** .... *le* matin
  outreum
- **днём** .... *l'*après-midi
  dnïom
- **вечером** .... *le* soir
  viétchireum
- **неделя** .... *la* semaine
  nidiélïa
- **вчера** .... hier
  ftchira
- **сегодня** .... aujourd'hui
  sivodnïa
- **завтра** .... demain
  zaftreu
- **сегодня вечером** ..... ce soir
  sivodnïa vïéïtchireum

C'est l'heure !

Сколько времени? • Quelle heure est-il ?

полночь
il est minuit
polneutch

два часа
il est deux heures
dva tchasa

пять часов
il est cinq heures
pïat' tchasof

пять минут восьмого
il est sept heures cinq
pïat' minout vas'moveu

полдень
il est midi
poldin'

половина первого
il est midi et demie
palavina pïérvaveu

без четверти четыре
il est quatre heures moins le quart
biz tchïétvirti tchityri

десять минут девятого
il est huit heures dix
dïésit'minout diviataveu

четверть десятого
il est neuf heures et quart
tchïetvirt' disïataveu

Lexique français - russe

A

*l'***abricot** абрикос *m* [abrikos] → 18

*l'***accueil** рецепция *f* [riétsèptsyïa] → 15

acheter купить [koupit'] → 13

*l'***aéroport** аэропорт *m* [aèraport] → 12, 15

*l'***âge** возраст *m* [vozrast] → 1

*l'***agence de voyages** турагентство *n* [touraguiénstveu] → 13

aller • aller à l'école идти в школу [itti f chkolou] • aller au travail идти на работу [itti na rabotou] → 11

*l'***alouette** жаворонок *m* [javeureuneuk] → 10

*l'***ananas** ананас *m* [ananas] → 18

*l'***aneth** укроп *m* [oukrop] → 18

*l'***animal** животное *n* [jyvotneui] → 10

*l'***appartement** квартира *f* [kvartira] → 4

appeler (au téléphone) звонить [zveunit'] → 6

*l'***après-midi** (dans l'après-midi) днём [dnïom] → 20

*l'***arbre** дерево *n* [dïériveu] → 9

*l'***arc-en-ciel** радуга *f* [radouga] → 8

*l'***argent** ❶ (monnaie) деньги *pl* [dïégngui] ❷ (métal) серебро *n* [ssiribro] → 13, 14

*l'***arobase** (@) собака *f* [sabaka] → 5

*l'***arrêt de bus** остановка автобуса *f* [astanofka aftoboussa] → 12

les **arrivées** прибытие *n* [pribytii] → 15

les **arts martiaux** единоборства *pl* [idineuborstva] → 7

*l'***ascenseur** лифт *m* [lift] → 4

*l'***assiette** тарелка *f* [tariélka] → 4

*l'***aubergine** баклажан *m* [baklajan] → 18

aujourd'hui сегодня [sivodnïa] → 20

au revoir до свидания [da svidanïeu]

*l'***autobus** автобус *m* [aftobouss] → 15

*l'***avion** самолёт *m* [samalïot] → 15

B

la **bague** кольцо *n* [kal'tso] → 14

la **baignoire** ванна *f* [vanna] → 4

le **balcon** балкон *m* [balkon] → 4

le **ballet** балет *m* [balïétt] → 7

le **ballon** мяч *m* [mïatch] → 7

la **banane** банан *m* [banan] → 18

la **banque** банк *m* [bank] → 12

la **barbe** борода *f* [barada] → 1

en **bas** (dynamique / statique) вниз / внизу [vnis / vnizou]

le **bateau** корабль *m* [karabl'] → 15

le **bâtiment** здание *n* [zsanieu] → 12

beau красивый [krassivyi] → 1

les **beaux-arts** искусство *n* [iskousstveu] → 7

le **beurre** масло *n* [masleu] → 18

la **bière** пиво *n* [piveu] → 18

les **bijoux** украшения *pl* [oukrachènïïa] → 14

le **billet** билет *m* [biliét] → 15

blanc белый [biélyi] → 14

bleu синий [ssinïi] → 14

bleu clair голубой [galouboï] → 14

blond блондин [blandin] → 1

le **bœuf** (viande) говядина *f* [gavïadina] → 18

boire пить [pit'] → 18

la **boîte aux lettres** почтовый ящик *m* [patchtovyi jach'ik] → 12

bonjour ❶ (le matin) доброе утро [dobreuï outreu] ❷ (dans la journée) добрый день [dobryi dien'] ❸ (à toute heure) здравствуйте [zdrastvouïti]

bon marché дёшево [diochiveu] → 13

bonne nuit спокойной ночи [spakoïneuï notchi]

bonsoir добрый вечер [dobryi viétchir]

les **bottes** сапоги *pl* [sapagui] → 14

la **bouche** рот *m* [rot] → 16

la **boucherie** мясной магазин *m* [misnoï magasin] → 13

les **boucles d'oreilles** серёжки *pl* [ssiriochki] → 14

la **bouilloire** чайник *m* [tchaïnik] → 4

la **boulangerie** булочная *f* [bouleutchnaja] → 13

la **boulette de viande** котлета *f* [katliéta] → 18

le **bouleau** берёза *f* [birioza] → 9

le **bouquet de fleurs** букет цветов [boukiét tsvitof] → 9

la **boutique** магазин *m* [magasin] → 13

le **bouton** пуговица *f* [pougvitsa] → 14

la **boxe** бокс *m* [boks] → 7

le **bracelet** браслет *m* [brasliét] → 14

la **branche** ветка *f* [viétka] → 9

le **bras** рука *f* [rouka] → 16

le **brochet** щука *f* [ch'ouka] → 18

la **brochette** шашлык *m* [chachlyk] → 18

le **brouillard** туман *m* [toumann] → 8

brun брюнет [briunèt] → 1

le **bureau** (pièce) кабинет *m* [kabiniét] → 2

le **but** гол *m* [gol] → 7

C

la **cabine d'essayage** примерочная *f* [primiéreutchnaïa] → 13

le **café** (boisson) кофе *m* [kofi] → 18

la **caisse** касса *f* [kassa] → 13

le **canapé** диван *m* [divann] → 4

le **canard** (animal) утка *f* [outka] → 10

la **carotte** морковь *f* [markof'] → 18

le **carrefour** перекрёсток *m* [pirikriosteuk] → 12

la **carte de crédit** кредитка *f* [kriditka] → 13

la **carte d'embarquement** посадочный талон *m* [pasadeutchnyj talon] → 15

la **carte postale** открытка *f* [atkrytka] → 15

la **casserole** кастрюля *f* [kastriulia] → 4

le **cassis** чёрная смородина *f* [tchornaïa smarodina] → 18

la **cave** подвал *m* [padval] → 4

la **ceinture de sécurité** ремень безопастности *m* [riiégn bizapasnasti] → 15

célibataire ❶ не женат *m* [ni jynat] ❷ не замужем *f* [ni zamujeum] → 1

les **cèpes** белые грибы *pl* [biélyi griby] → 18

la **cerise** черешня *f* [tchiriéchniïa] → 18

la **chaise** стул *m* [stoul] → 4

la **chambre** ❶ комната *f* [komnata] ❷ (d'hôtel) номер *m* [nomir] → 4, 15

les **champignons de Paris** шампиньоны *pl* [cheumpigniony] → 18

chanter петь [piét'] → 7

la **chapka** ушанка *f* [ouchanka] → 14

le **chargeur** зарядка *f* [zeuriadka] → 6

la **chasse** охота *f* [akhota] → 7

le **chat** кошка *f* [kochka] → 10

chaud тепло [tiplo] • **très chaud** жарко [jarkeu] → 8

le **chauffage** отопление *n* [ataplïénii] → 4

le **chauffeur** шофёр *m* [chafïor]

les **chaussettes** носки *pl* [naski] → 14

les **chaussons** тапочки *pl* [tapatchki] → 14

les **chaussures** ❶ обувь *f* [obouf'] ❷ (pour hommes) ботинки *pl* [batinki] ❸ (de sport) кроссовки *pl* [krasofki] → 14

chauve лысый [lysyï] → 1

le **chemin** дорога *f* [daroga]

le **chêne** дуб *m* [doup] → 9

le **chèque** чек *m* [tchïék] → 13

cher дорого [doragueu] → 13

le **cheval** лошадь *f* [lochat'] → 10

les **cheveux** волосы *pl* [voleusy] → 1, 16

la **chèvre** коза *f* [kaza] → 10

le **chien** собака *f* [sabaka] → 10

le **cinéma** кино *n* [kino] → 7

la **clé** ключ *m* [klïoutch] • *la* **clé-USB** флешка *f* [flèchka] → 4, 5, 15

le **client** клиент *m* [klïiént] → 13

la **climatisation** кондиционер *m* [kanditsyanïér] → 15

le **cochon** свинья *f* [svin'ïa] → 10

le **coffre-fort** сейф *m* [ssïéf] → 15

les **collants** колготки *pl* [kalgotki] → 14

le, la **collègue** коллега *mf* [kallïéga] → 2

le **collier** ожерелье *n* [ajiriél'ïi] → 14

comment ? как? [kak?]

le **concombre** огурец *m* [agouriéts] → 18

la **confiture** варенье *n* [variéniïi] → 18

se **connecter** (à Internet) подключаться к Интернету [padklïoutchatsa kintèrnètou] → 5

le **coton** хлопок *m* [khlopeuk] → 14

se **coucher** ложиться спать [lajitseu spat'] → 11

la **cour** двор *m* [dvor] → 4

le **court de tennis** корт *m* [kort] → 7

la **courgette** кабачок *m* [kabatchok] → 18

courir бегать [bïégat'] → 7

le **couteau** нож *m* [noch] → 4

la **couverture** одеяло *n* [adiïaleu] → 4

la **crèche** ясли *pl* [ïasli] → 3

la **cuillère** ложка *f* [lochka] → 4

le **cuir** кожа *f* [koja] → 14

cuisiner готовить [gatovit'] → 7

D

danser танцевать [tanstyvat'] → 7

le **degré** градус *m* [gradouss] → 8

déjeuner обедать [abïédat'] → 11

le **déjeuner** обед *m* [abïét] → 18

demain завтра [zaftreu] → 20

la **dent** зуб *m* [zoup] → 16

le **dentifrice** зубная паста *f* [zoubnaïa pasta] → 4

les **départs** отправление *n* [atpravlïéniïi] → 15

la **diarrhée** диарея *f* [diariéïa] → 17

dîner ужинать [oujinat'] → 11

le **dîner** ужин *m* [oujin] → 18

le **directeur** директор *m* [diriékteur] → 2

divorcé разведён [razvidïonn] → 1

le **doigt** палец *m* [palits] → 16

le **dos** спина *f* [spina] → 16

la **douche** душ *m* [douch] → 4

à **droite** (dynamique / statique) направо / справа [napraveu / spraveu]

E

*l'*eau вода *f* [vada] → 18
*l'*éclair молния *f* [molnïia] → 8
*l'*école школа *f* [chkola] • l'école maternelle детский сад *m* [diétskiï sat] → 3
*l'*écolier школьник *m* [chkol'nik] → 3
*l'*écureuil белка *f* [biélka] → 10
effacer удалить [oudalit'] → 5
*l'*église церковь *f* [tsèrkeuf'] → 12
changer (de l'argent) обменять деньги [abminjat' diéngui] → 13
*l'*e-mail ❶ (adresse électronique) электронный адрес *m* [èliktronnyï adriss] ❷ (courrier électronique) электронная почта *f* [èliktronnaïa potchta] → 1
*l'*employeur работодатель *m* [raboteudatil'] → 2
enlever снимать [snimat'] → 14
*l'*enseignant (avant le bac) учитель *m* [outchitil'] → 2
*l'*entreprise предприятие *n* [pridpriïatiïi] → 2
envoyer посылать [peusylat'] → 5, 6
*l'*équipe команда *f* [kamanda] → 7
*l'*érable клён *m* [kliïonn] → 9
*l'*escale пересадка *f* [pirisatka] → 15
*l'*escalier лестница *f* [liïésnitsa] → 4
les espèces наличные *pl* [nalitchnyi] → 13
essayer (chaussures) мерить [miïérit'] → 14
*l'*esturgeon осётр *m* [asiotr] → 18
*l'*étage этаж *m* [étaj] → 4
l' étudiant студент *m* [stoudiént] → 3
étudier учиться [outchista] → 3
excuse(z)-moi извини(те) [izvini(tié)]

F

la famille семья *f* [ssimïa] → 1
le fauteuil кресло *n* [kriésleu] → 4
la femme женщина *f* [jènch'na] • la femme d'affaires деловая женщина *f* [dilavaja jènch'ina] → 1, 2
la fenêtre окно *n* [akno] → 4
fermé закрыт [zakryt] → 13
la fermeture Éclair молния *f* [molonïia] → 14
le feu (signal) светофор *m* [svitafor] → 12
la feuille лист *m* [list] → 9
la fièvre температура *f* [timpiratoura] → 17
la fille ❶ (enfant) дочь *f* [dotch] ❷ (jeune fille) девушка *m* [diïévouchka] → 1
le fils сын *m* [syn] → 1
le fitness фитнес *m* [fitnèss] → 7
la fleur цветок *m* [tsvitok] → 9
le fleuve река *f* [rika] → 9
le football футбол *m* [foutbol] → 7
la forêt лес *m* [liéss] → 9
la fourchette вилка *f* [vilka] → 4
frais прохладно [prahkladneu] → 8
le frère брат *m* [brat] → 1
froid холодно [kholadneu] → 8
le fromage сыр *m* [syr] → 18

G

gagner (jeux, sports) выиграть [vyigrat'] → 7
les gants перчатки *pl* [pirtchatki] → 14
le garage гараж *m* [garaj] → 4
le garçon мальчик *m* [maltchik] → 1
la gare вокзал *m* [vagzal] → 12

à **gauche** (dynamique/statique) налево / слева [nalieveu / slieveu]

le **gel** лёд *m* [liot] → 8

les **girolles** лисички *pl* [lissitchki] → 18

la **glace** (eau gelée) лёд *m* [liot] → 8

le **goélan** чайка *f* [tchaïka] → 10

la **gorge** горло *n* [gorleu] → 16

goûter (un plat) пробовать [probeuveut'] → 18

les **grains de sarrasin** гречка *f* [griétchka] → 18

grand большой [bal'choï] → 1

le **grand magasin** универмаг *m* [ounivirmag] → 13

la **grand-mère** бабушка *f* [babouchka] → 1

le **grand-père** дедушка *m* [diédouchka] → 1

gratuit бесплатно [bisplatneu] → 13

la **grêle** град *m* [gratt] → 8

gris серый [ssiéryi] → 14

gros (personne) полный [polnyi] → 1

la **groseille** красная смородина *f* [krasnaïa smarodina] → 18

le **guide** ❶ (livre) путеводитель *m* [poutiveuditil'] ❷ (personne) экскурсовод *m* [èkskourseuvot] → 15

H

*s'***habiller** одеваться [adivatseu] → 14

le **hareng salé** селёдка *f* [siliotka] → 18

en **haut** (dynamique/statique) наверх / наверху [navierkh / navirkhou]

hier вчера [ftchira] → 20

*l'***hirondelle** ласточка *f* [lastatchka] → 10

le **hockey sur glace** хоккей *m* [khakiéï] → 7

*l'***homme** мужчина *m* [much'ina]

• l'homme d'affaires предприниматель *m* [pridrinimatil'] → 1, 2

*l'***hôpital** больница *f* [bal'nitsa] → 12

*l'***hôtel** гостиница *f* [gastinitsa] → 15

*l'***hôtel de ville** мэрия *f* [mèriïa] → 12

IJ

*l'***insecte** насекомое *n* [nasikomaeu] → 10

*l'***île** остров *m* [ostrav] → 9

imprimer распечатать [raspitchatat'] → 5

la **jambe** нога *f* [naga] → 16

le **jambon** ветчина *f* [vitchina] → 18

jaune жёлтый [joltyi] → 14

jeune молодой [maladoï] → 1

les **jeux Olympiques** Олимпийские игры *pl* [alimpiïskiï igry] → 7

les **jeux vidéo** видео-игры *pl* [vidieu-igry] → 7

jouer играть [igrat'] → 7

le **journaliste** журналист *m* [journalist] → 2

le **jus de fruits** сок *m* [sok] → 18

L

le **lac** озеро *n* [ozireu] → 9

laid некрасивый [nikrassivyi] → 1

la **laine** шерсть *f* [chèrst'] → 14

le **lait** молоко *n* [malako] → 18

le **lapin** кролик *m* [krolik] → 10

le **lavabo** раковина *f* [rakeuvina] → 4

le **lave-linge** стиральная машина *f* [stiral'naïa machina]

se **laver** ❶ мыться [mytseu] ❷ (les dents) чистить зубы [tchistit' zouby] → 11 *la* **librairie** книжный магазин *m* [knijnyï magasin] → 13

le **lièvre** заяц *m* [zaïats] → 10

le **lin** лён *m* [lïon] → 14

le **liquide** (argent) наличные *pl* [nalitchnyi] → 13

lire читать [tchitat'] → 7, 11

le **lit** кровать *f* [kreuvat'] → 4

le **loisir** увлечение *n* [ouvlitchïenieu] → 7

louer ❶ (pour le locataire) снимать [snimat'] ❷ (pour le propriétaire) сдавать [sdavat'] → 4, 15

le **loup** волк *m* [volk] → 10

les **lunettes** очки *pl* [atchki] → [illegible]

M

la **magasin** магазин *m* [magasin] → 13

la **main** рука *f* [rouka] → 16

la **maison** дом *m* [dom] → 4

manger есть [ïést'] → 18

le **manteau de fourrure** шуба *f* [chouba] → 14

se **maquiller** краситься [krasitseu] → 11

le **marchand de légumes** овощной магазин *m* [avach'noï magasin] → 13

marié, mariée ❶ женат *m* [jynat] ❷ замужем *f* [zamujeum] → 1

marron коричневый [karitchnivyï] → 14

le **match** матч *m* [match] → 7

le **matin** (dans la matinée) утром [outreum] → 20

la **mayonnaise** майонез *m* [maïnèss] → 18

le **médecin** врач *m* [vratch] → 2

le **médicament** лекарство *n* [likarstveu] → 17

la **mer** море *n* [mori] → 9

merci спасибо [spassibeu]

la **mère** мать *f* [mat'] → 1

le **métro** метро *n* [mitro] → 12

les **meubles** мебель *f* [mïébil'] → 4

le **mimosa** мимоза *f* [mimoza] → 9

mince худой [khoudoï] → 1

le **miroir** зеркало *n* [zïérkaleu] → 4

le **moineau** воробей *m* [varabïéï] → 10

la **monnaie** (rendue) сдача *f* [zdatcha] → 13

la **montagne** гора *f* [gara] → 9

la **montre** часы *pl* [tchasy] → 14

la **mouche** муха *f* [moukha] → 10

la **mouette** чайка *f* [tchaïka] → 10

la **moustache** усы *pl* [oussy] → 1

le **moustique** комар *m* [kamar] → 10

la **moutarde** горчица *m* [gartchitsa] → 18

le **mouton** ❶ (animal) овца *f* [aftsa] ❷ (viande) баранина *f* [baranina] → 10, 18

le **mur** стена *f* [stina] → 4

le **musée** музей *m* [mouzïéï] → 12

la **musique** музыка *f* [mouzyka] → 7

N

nager плавать [plaveut'] → 7

la **natation** плавание *n* [plaveunieu] → 7

la **nature** природа *f* [priroda] → 9

la **nausée** тошнота *f* [tachnata] → 17

la **neige** снег *m* [snïék] → 8

le **nez** нос *m* [nos] → 16

noir чёрный [tchornyï] → 14

le **nom de famille** фамилия *f* [familïeu] → 1

non нет [nïét]

le **nuage** облако *n* [oblakeu] → 8

le **numéro de téléphone** номер *m* телефона [nomir tilifona] → 1

le **Nylon** полиэстер *m* [polïèstr] → 14

O

l'**œil** глаз *m* [glas] → 1, 16

l'**œuf** яйцо *n* [iïtso] → 18

l'**oignon** лук *m* [louk] → 18

l'**oiseau** птица *f* [ptitsa] → 10

l'**oncle** дядя *m* [diadia] → 1

l'**or** золото *n* [zoleuteu] → 14

l'**orage** гроза *f* [graza] → 8

orange (fruit) апельсин *m* [apil'sin] → 18

orange (couleur) оранжевый [aranjyvyi] → 14

l'**ordinateur** компьютер *m* [kampiuteur] • l'ordinateur portable ноутбук *m* [nooutbouk] → 5

l'**oreille** ухо *n* [oukheu] → 16

l'**oreiller** подушка *f* [padouchka] → 4

l'**orteil** палец *m* [palits] → 16

où ? (statique / dynamique) где?/ куда? [gdié? / kouda?]

oui да [da]

l'**ouragan** ураган *m* [ouragann]

l'**ours** медведь *m* [midviét'] → 10

ouvert открыт [atkryt] → 13

P

le **pain** хлеб *m* [khliép] → 18

une **paire de...** пара ... *f* [para] → 14

le **parapluie** зонт *m* [zont] → 14

le **parc** парк *m* [park] → 12

le **parking** стоянка *f* [staïanka]

le **passage pour piétons** пешеходный переход *m* [pichikhodnyi pirikhot] → 12

le **passeport** паспорт *m* [paspeurt] → 15

les **pâtes** макароны *pl* [makarony] → 18

la **patinoire** каток *m* [katok] → 7

les **patins à glace** коньки *pl* [keun'ki] → 7

payer платить [platit'] → 13

le **pays** страна *f* [strana] → 15

la **pêche** ❶ (loisir) рыбалка *f* [rybalka] ❷ (fruit) персик *m* [piérssik] → 7, 18

se **peigner** причёсываться [pritchïosyvatseu] → 11

peindre рисовать [riseuvat'] → 7

le **père** отец *m* [atiéts] → 1

perdre (jeux, sports) проиграть [preuigrat'] → 7

le **personnel** персонал *m* [pirsanal] → 2

petit маленький [malin'kiï] → 1

le **petit déjeuner** завтрак *m* [zaftrak] → 11, 18

les **petits pois** горошек *m* [garochik] → 18

la **pharmacie** аптека *f* [aptiéka] → 13

photographier фотографировать [fateugrafireuvat'] → 7

le **pied** нога *f* [naga] → 16

le **pigeon** голубь *m* [goloup'] → 10

le **piment** перец *m* [piérits] → 18

le **pin** сосна *f* [sasna] → 9

le **ping-pong** настольный теннис *m* [nastol'nyi tènniss] → 7

la **piscine** бассейн *m* [bassiéinn] → 7

la **plante** растение *n* [rastienieu] → 9

la **pluie** дождь *m* [docht'] → 8

la **poche** карман *m* [karman] → 14

la **poêle** сковородка *f* [skeuvarotka] → 4

le **poisson** рыба *f* [ryba] → 10, 18

le **poivre** перец *m* [piérits] → 18

la **police** (commissariat) отделение полиции *n* [atdiliénieu palitsyi] → 12

le **policier** полицейский *m* [palitsèïskiï] → 2

la **pomme de terre** картофель *m* [kartofil'] → 18

le **pont** мост *m* [most] → 12

le **porc** (viande) свинина *f* [svinina] → 18

le **portable** мобильный (телефон) *m* [meubil'nyï (tilifonn)] → 6

la **porte** дверь *f* [dviér'] → 4

porter (des vêtements) носить [nasit'] → 14

la **poissonnerie** рыбный магазин *m* [rybnyï magasin] → 13

la **poste** почта *f* [potchta] → 12

le **poulet** курица *f* [kouritsa] → 10, 18

le **prénom** имя *n* [imieu] → 1

les **prévisions météo** прогноз погоды [pragnoss pagody] → 8

prier • je vous/t'en prie пожалуйста [pajalsteu]

le **prix** цена *f* [tsyna] → 13

le **prof** преподаватель *m* [pripeudavatil'] → 2

le **pyjama** пижама *f* [pijama] → 14

QR

quand ? когда? [kagda?]

la **queue** (file d'attente) очередь *f* [otchirit'] → 13

qui ? кто? [kto?]

quoi ? что? [chto?]

le **radis** редис *m* [ridis] → 18

la **raquette** ракетка *f* [rakiétka] → 7

se **raser** бриться [britseu] → 11

recevoir получать [peuloutchat'] → 5, 6

la **réduction** скидка *f* [skitka] → 13

le **réfrigérateur** холодильник *m* [khaladil'nik] → 4

regarder смотреть [smatrié] → 11

le **renard** лиса *f* [lissa] → 10

le **répondeur** автоответчик *m* [afteuatviétchik] → 6

réserver заказывать [zakazyvat'] → 15

retirer (de l'argent) снять деньги [sniat' diégngui] → 13

la **réunion** собрание *n* [sabranii] → 2

le **réveil** (réveil-matin) будильник *m* [boudil'nik] → 11

se réveiller просыпаться [prasypatseu] → 11

le **rivière** река *f* [rika] → 9

le **riz** рис *m* [ris] → 18

les **rollers** ролики *pl* [roliki] → 7

rose (fleur) роза *f* [roza] → 9

rose (couleur) розовый [rozeuvyï] → 14

rouge красный [krasnyï] → 14

la **route** дорога *f* [daroga]

la **rue** улица *f* [oulitseu] → 12

S

la **salade** салат *m* [salat] → 18

le **salaire** зарплата *f* [zarplata] → 2

la **salle de bains** ванная *f* [vanaïa] → 4

la **salle de sports** спортзал *m* [sportzal] → 7

le **salon** гостиная *f* [gastinaïa] → 4

salut ! пока! [paka]

le **sapin** ель *f* [ièl'] → 9

le **saucisson** колбаса *f* [kalbasa] → 18

le **saumon** лосось *m* [lasos'] → 18

sauvegarder сохранить [seuhkranit'] → 5

le **savon** мыло *n* [myleu] → 4

la **secrétaire** секретарь *m* [ssikritar'] → 2

le **sel** соль *f* [sol'] → 18

la **semaine** неделя *f* [nidiélia] → 20

la **serviette** (de toilette) полотенце *n* [paleutiéntsè] → 4

le **shopping** (faire du shopping) делать покупки [diélat' pakoupki] → 13